Reden, Vortrag, Präsentation

Mit Leichtigkeit vor Publikum sprechen und überzeugen

Wie Sie Ihre Rhetorik und Ausdrucksweise
schnell verbessern, Ihren Vortrag planen
und jegliches Lampenfieber abschütteln

Leon Bahlsen

INHALT

Was Sie in diesem Buch erwartet

Sie müssen für Ihre Arbeit, für Schule oder Studium einen Vortrag oder ein Referat halten? Ob es sich um eine kurze Präsentation oder um einen längeren Vortrag im Rahmen eines Seminars handelt – die Bedingungen sind dieselben.

Sie gehören nicht zu den Menschen, welche ohne jede Angst vor anderen Menschen sprechen können und dabei redegewandt und souverän ihren Vortrag abliefern? Im Gegenteil: Sie sind aufgeregt und haben kurz vorher das Gefühl, keinen

Ton herauszubekommen? Die gute Nachricht: Das Reden vor anderen Menschen lässt sich lernen!

Dieser Ratgeber beschäftigt sich mit den Grundlagen der zwischenmenschlichen Kommunikation. So lässt sich besser verstehen, wie es zu Störungen bei der Kommunikation kommen kann und wie man diese verhindert. Weiterhin behandelt dieses Buch die Mittel und Möglichkeiten, wie Sie Ihren Vortrag so gestalten, dass er bei Ihrem Zuhörer richtig gut ankommt.

Der Ratgeber beschäftigt sich auch mit Ihrer Stimme, indem er zeigt, wie Sie diese trainieren können, sowie mit Übungen gegen die Sprechangst.

Und Sie erfahren, dass es gar nicht der perfekte, fehlerfreie Vortrag sein muss, welcher Ihr Publikum überzeugt. *Sie* sind es, der mit Ihrer Persönlichkeit begeistert.

Es werden Parallelen zu dem Auftritt von Künstlern und Sportlern gezogen. Und das nicht ohne Grund! Von ihnen können Sie lernen, mit Nervosität bis hin zu heftigem Lampenfieber umzugehen und wie Sie auf den Punkt Ihre Leistung abrufen. Sie werden sehen, dass eine gute

Vorbereitung das eine ist, Gelassenheit und Authentizität das andere.

Zum Schluss erhalten Sie noch ein paar praktische Tipps.

Sind Sie bereit für Ihren Auftritt?

Ihr Vortrag – Ihr Auftritt

JEDER VORTRAG IST EINE PRÄSENTATION IHRER SELBST

Fast jeder Mensch ist einmal in der Situation, etwas präsentieren zu müssen. Dies kann eine künstlerische oder eine sportliche Leistung sein oder eben ein Vortrag. Jeder Mensch, der etwas präsentiert, präsentiert dabei auch ein Stück weit sich selbst. Diese Selbstpräsentation spielt natürlich vor allem im künstlerischen Bereich eine Rolle.

Aber auch bei einem Vortrag möchten Sie Ihr Gegenüber erreichen. Sie möchten Wissen vermitteln, aber auch Ihre Meinungen und Ansichten.

Am Ende steht Ihre Botschaft, die Sie vermitteln wollen. Und das alles geht nicht ohne Authentizität, Lebendigkeit und Offenheit bei Ihrem Auftreten.

WAS WILL ICH MIT MEINEM VORTRAG ERREICHEN?

Was Sie mit Ihrem Vortrag erreichen wollen, hängt natürlich von dem konkreten Kontext ab. Der Vortrag kann Teil einer Prüfungsleistung sein. Dann dient er in erster Linie der Präsentation Ihres Wissens auf einem bestimmten Gebiet.

Ebenso verhält es sich, wenn Sie am Arbeitsplatz einen Vortrag halten, um Kollegen über ein bestimmtes Thema oder Ihren Tätigkeitsbereich zu informieren. Gleiches gilt für Vorträge im Rahmen von Fortbildungen.

Es kann aber auch sein, dass Sie im Rahmen eines kurzen Elevator Pitches oder einer Präsentation Kunden von Ihrem Produkt oder Ihrer Dienstleistung überzeugen wollen.

In jedem dieser Fälle geht es – zumindest augenscheinlich – in erster Linie um die Vermittlung von Wissen und die Übermittlung von Informationen.

WEN MÖCHTE ICH MIT MEINEM VORTRAG ERREICHEN?

Bei genauerer Betrachtung zeigt sich, dass der Zielperson, Ihrem Gegenüber, dem Prüfer, den Kollegen, den Kunden, den Schülern, also den Empfängern der von Ihnen übermittelten Informationen, ebenso viel Bedeutung zukommt. Diese Empfänger müssen Sie erreichen. Die Empfänger müssen Ihre Botschaft verstehen können. Sie müssen deren Aufmerksamkeit wecken. Ihr Publikum will von Ihrem Vortrag profitieren.

Sie halten den Vortrag nicht in einem leeren Raum. Sie haben ein Publikum. Daher ist es wichtig, das Interesse der Zuhörer zu erregen. Wenn das Publikum nicht bei Ihnen ist, nicht zuhört, weil es sich langweilt, wenn es inhaltlich nicht folgen kann oder sich nicht angesprochen fühlt, geht Ihr Vortrag in der Tat ins „Leere".

Es kommt auf den Empfängerhorizont Ihrer Zuhörer an. Zu berücksichtigen sind aber auch Eigenschaften Ihrer Zuhörer wie die soziale

Herkunft, die Vorbildung und die berufliche Perspektive. Wenn derselbe juristische Vortrag vor Richtern, Polizeibeamten, Staatsanwälten oder Rechtsanwälten gehalten wird, wird er unterschiedlich – je nach beruflicher Perspektive – aufgefasst werden.

WER HÄLT DEN VORTRAG?

Und Sie sind die Person, die den Vortrag hält. An Ihrer Vortragsweise, an Ihrer Persönlichkeit liegt es, ob Ihr Vortrag gelingt und was bei Ihrem Gegenüber ankommt.

Würde eine andere Person denselben Vortrag halten, wäre es ein anderer Vortrag – vielleicht nicht vom Inhalt her, aber was die Vortragsweise betrifft und das Ergebnis. Was bei welchem Zuhörer ankommt, was hängenbleibt, was berührt, was zum Nachdenken anregt, hängt auch von der Person des Redners ab.

So wie es unterschiedliche zwischenmenschliche Sympathien gibt, so werden zwei verschiedene Redner auch den einen oder anderen Zuhörer mehr oder weniger gut ansprechen und mit dem Vortrag erreichen können.

Natürlich liegt es nicht in Ihrem Einflussbereich, ob ein Zuhörer gerade müde oder unkonzentriert ist und deshalb nicht zuhört. Wichtig ist aber, einen größtmöglichen Kreis von Zuhörern bestmöglich zu erreichen.

Dies ist die Kunst der Kommunikation.

So funktioniert Kommunikation

Die Mittel der Kommunikation sind ganz entscheidend, wenn es darum geht, bei Ihrem Vortrag das Publikum bestmöglich zu erreichen.

Der Mensch ist ein soziales Wesen. Er lebt nicht allein auf der Welt. Er steht in Beziehungen zu anderen Menschen und interagiert mit diesen. Das heißt, dass ein ständiger Austausch zwischen den Menschen stattfindet. Mehrere Personen wirken wechselseitig aufeinander ein. Dieser Austausch stellt die Kommunikation dar.

Auch bei einem Vortrag findet eine Kommunikation statt. Es spricht zwar in erster Linie der Vortragende, er steht aber in einem Austauschverhältnis zu seinen Zuhörern. Diese nehmen die Informationen auf. Sie verstehen das Gesprochene oder nicht. Sie können es nachvollziehen oder nicht. Sie sind derselben Meinung oder anderer Meinung. Sie reagieren auf die Information – durch Nachfragen, Zustimmung, Ablehnung, Desinteresse. Diese Reaktion kommt wiederum bei dem Vortragenden an. Er reagiert darauf, seine Reaktion kommt wieder bei den Zuhörern an usw. Darüber hinaus kann der Vortragende sein Publikum auch aktiv mit in den Vortrag einbeziehen.

Sie sehen, auch bei einem Vortrag findet sehr viel Kommunikation statt!

WAS IST KOMMUNIKATION?

„Man kann nicht nicht kommunizieren" – das ist eine Aussage des Kommunikationswissenschaftlers Paul Watzlawick. Selbst wenn man nicht spricht, findet eine nonverbale Kommunikation statt.

Der Begriff Kommunikation leitet sich ab von dem lateinischen Verb „communicare" (mit jemandem etwas *teilen*, jemandem etwas *mitteilen*, jemanden *teilnehmen* lassen). Kommunikation beinhaltet daher sowohl das Mitteilen von Informationen als auch das Teilhaben am Gefühlsleben des anderen.

Wörter transportieren Sachinhalte. Die Körpersprache kann die gesprochene Sprache unterstreichen und auch unabhängig davon Botschaften über den Sprecher, seine Beziehung zu dem Empfänger oder über die Situation, in der sich Sprecher und Empfänger befinden, aussenden.

Kommunikation spielt in jeder zwischenmenschlichen Beziehung eine Rolle. Menschen, die miteinander kommunizieren, befinden sich in unterschiedlichen Situationen. Sie sind beeinflusst durch ihre Herkunft, durch Erfahrungen, die sie gemacht haben, und durch ihre momentane Stimmung. Sie kommen in einer bestimmten Situation zusammen, in welcher die Kommunikation stattfindet. Dies kann ein beruflicher Kontext sein, aber auch ein Treffen in der Freizeit. Die Personen kennen sich noch gar nicht oder sie sind langjährige Freunde. Sie treffen sich zufällig oder kommen zu einem bestimmten Zweck zusammen (Fortbildung, Unterricht, Feier). Sie kommunizieren auf verschiedenen Ebenen durch Sprache oder auch ohne Sprache durch Gestik und Mimik – da kann man leicht aneinander vorbeireden und sich missverstehen.

Die zwischenmenschliche Kommunikation dient dem Austausch von Informationen zwischen mindestens zwei Personen. Sie erfolgt auf verschiedene Arten (verbal, nonverbal, paraverbal) und auf verschiedenen Wegen (Sprache, Schrift). Dabei handelt es sich um einen komplizierten Prozess. Die Person, welche spricht, sendet zum einen Aussagen über bestimmte Inhalte und Sachverhalte oder auch eigene Gedanken, Wünsche und Gefühle. Darüber hinaus sendet sie aber auch immer Informationen über sich selbst.

Man unterscheidet zwischen der verbalen Kommunikation, die über die gesprochene Sprache oder auch über die Schriftsprache erfolgt und den Inhalt der Botschaft betrifft, und der nonverbalen (nichtverbalen) Kommunikation. Letztere erfolgt nicht über das gesprochene oder geschriebene Wort, sondern über Gestik, Mimik und Körperhaltungen und -bewegungen.

Die nonverbale Kommunikation transportiert in erster Linie Gefühle, kann aber auch Wörter ersetzen (Kopfschütteln: nein, Nicken: ja, Schulterzucken: egal, ich weiß nicht). Beim gesprochenen Wort gibt zudem die Stimme als Medium der Sprache Auskünfte, wie der Tonfall, die Stimmlage, die Artikulation, das Tempo und die Lautstärke. Dabei handelt es sich um die paraverbale Kommunikation (die Kommunikation „neben" der Sprache).

Auf die nonverbale und die paraverbale Kommunikation wird noch in einem eigenen Kapitel näher eingegangen. Der Gesprächspartner nimmt die übermittelte Information auf. Wie sie von ihm verstanden wird, hängt von der konkreten Situation ab, aber auch eigene Stimmungen, das Gefühlsleben und die Einstellung gegenüber dem Sprecher spielen dabei eine Rolle.

Kommt die übermittelte Information bei der Person, an welche sie gerichtet ist, nicht oder nicht richtig an, kommt es etwa zu Missverständnissen, spricht man von einer Störung der Kommunikation. Diese Störung kann Konflikte zur Folge haben.

VERSCHIEDENE KOMMUNIKATIONSMODELLE

Verschiedene wissenschaftliche Ansätze versuchen, die Kommunikation zu beschreiben und die Abläufe, Zusammenhänge und verschiedenen Ebenen der Kommunikation zu verstehen. Diese Modelle können helfen, Quellen für Missverständnisse aufzudecken und Konflikte zu vermeiden.

Hier werden einige Modelle im Laufe der Entwicklung der Kommunikationsmodelle dargestellt. Es ist nicht wichtig, Einzelheiten dieser Modelle zu kennen, aber gerade die Gemeinsamkeiten erklären sehr gut, was es mit der Kommunikation auf sich hat.

Sender-Empfänger-Modell

Das Sender-Empfänger-Modell (Shannon-Weaver-Modell), das in den 1940er Jahren von den amerikanischen Mathematikern Claude E. Shannon und Warren Weaver entwickelt wurde, geht davon aus, dass eine Person (der Sender) eine Botschaft an eine andere Person (den Empfänger) übermittelt. Der „Sender" wandelt seine Gedanken in Sprache um („codieren"). Dabei entsteht ein

Signal, das übermittelt wird. Der „Empfänger" nimmt die Botschaft auf und versteht sie („decodieren"). Bei der Übertragung kann es zu Störungen kommen. Dieses sehr einfache Modell wurde ursprünglich entwickelt, um die Kommunikation am Telefon zu verbessern. Später wurde es von anderen Wissenschaftlern weiterentwickelt.

Organonmodell
Das Organonmodell des deutschen Sprachpsychologen Karl Bühler stellt auch ein frühes Kommunikationsmodell aus den 1930er Jahren dar. Die Sprache wird als Werkzeug (griechisch „organon") angesehen. Mithilfe dieses Werkzeugs teilt der Sender dem Empfänger Inhalte mit. Die Sprache besitzt eine Ausdrucksfunktion (Ausdruck von Gefühlen), eine Darstellungsfunktion (Übermittlung eines Sachverhalts) sowie eine Appellfunktion (Aufforderung an den Empfänger, zu reagieren).

Eisbergmodell
Das Eisbergmodell geht auf den österreichischen Psychoanalytiker Sigmund Freud zurück, wenn

dieser auch nie den Begriff „Eisberg" verwendet hat. Der Begriff wurde erst lange nach seinem Tod in den 1970er Jahren mit der Theorie Freuds in Zusammenhang gebracht. Dieses Modell nimmt einen Vergleich der Kommunikation mit einem Eisberg vor. Lediglich 20 % des Eisbergs befinden sich sichtbar über Wasser, die übrigen 80 % liegen verborgen und unsichtbar unter Wasser. So ist es auch bei der Kommunikation.

Die „Sachebene" beinhaltet die sichtbaren, bewussten Aussagen über Fakten und Gedanken. Diese Ebene stellt den geringeren Anteil an der gesamten Kommunikation dar. Im Verborgenen befindet sich (so wie der größte Teil des Eisbergs) die Beziehungsebene. Diese betrifft die unbewussten, unsichtbaren Erfahrungen, Wertvorstellungen, Gefühle, Wünsche und Antriebe. Diese kommen nur (zum Teil) über die Gestik, Mimik und den Tonfall zum Vorschein. Sie stellt aber den Hauptanteil an der Kommunikation dar.

5 Axiome der Kommunikation
Die 5 Axiome (Grundsätze) der Kommunikation des österreichisch-amerikanischen Kommunikations-

wissenschaftlers Paul Watzlawick haben die vorherigen Modelle weiterentwickelt. Was man sagt, steht in einer Beziehung zu dem Gesprächspartner und ist geprägt durch Gefühle und Emotionen. Das 1. Axiom gibt die bereits anfangs zitierte Aussage wieder, dass man nicht nicht kommunizieren kann. Dieser Grundsatz verweist auf die nonverbale Kommunikation, welche immer vorhanden ist, auch wenn nicht gesprochen wird. Das 2. Axiom besagt, dass Kommunikation einen Inhalts- und einen Beziehungsaspekt hat (was sagt man wie). Der 3. Grundsatz sagt aus, dass Kommunikation immer Ursache und Wirkung ist. Das 4. Axiom beinhaltet, dass Kommunikation über analoge und digitale Modalitäten verfügt (verbal/nonverbal). Und der 5. Grundsatz besagt, dass Kommunikation symmetrisch oder komplementär verläuft (auf Augenhöhe oder im Über-/Unterordnungsverhältnis).

4-Ohren-Modell
Das 4-Ohren-Modell (auch 4-Seiten-Modell oder Nachrichtenquadrat) des deutschen Kommunikationspsychologen Friedemann Schulz von Thun,

welches er 1981 zum ersten Mal vorstellte, besagt, dass Kommunikation Botschaften auf vier Ebenen vermittelt. Die Sachebene bezieht sich darauf, worüber informiert wird. Die Ebene der Selbstkundgabe betrifft das, was der Sprecher über sich selbst zu erkennen gibt. Die Beziehungsebene betrifft die Frage, wie der Sprecher zu seinem Gegenüber steht und was er von dem anderen hält. Die Appellebene bezieht sich auf das, was der Sprecher (bei dem Empfänger) erreichen möchte. Der Übermittler hat „4 Schnäbel", mit welchen er spricht, und der Empfänger hat „4 Ohren", mit denen er hört und wahrnimmt. Auch bei diesem Modell finden sich Ansätze der vorherigen Modelle wieder.

NLP-Modell
Neuere Ansätze wie das *NLP-Modell (Neuro-Linguistische Programmierung),* betreffen Kommunikationstechniken. Damit soll ein bestimmtes Handeln „programmiert" werden. Entwickelt wurde dieses Modell in den 1970er Jahren von den Amerikanern Richard Bandler (Mathematiker und Psychologe) und John Grinder (Linguist). Ursprünglich ging es um die Erforschung der Wirkfaktoren

für eine erfolgreiche Therapie. Dabei stehen die kommunikativen Fähigkeiten im Vordergrund. Eine Kritik an der NLP besteht darin, dass es sich nicht um eine richtige Wissenschaft handele. Diese Technik findet ihren Einsatz im modernen Sprachunterricht, aber auch im Rahmen von Therapien oder im Marketing.

Transaktionsanalyse

Nach der *Transaktionsanalyse (TA)* des kanadisch-amerikanischen Psychiaters Eric Berne, welche bereits Mitte des 20. Jahrhunderts begründet wurde und fortlaufend weiterentwickelt wird, ist Kommunikation eine Transaktion, mit welcher Informationen weitergegeben werden. Die TA entschlüsselt Persönlichkeitsstrukturen. Damit können Konflikte entschärft werden. Es geht um die Gestaltung von Änderungen im interaktiven Bereich. Der Mensch soll die Fähigkeit entwickeln, sich gut im sozialen Gefüge zu bewegen und sein Leben zu gestalten.

Den verschiedenen Ansätzen ist gemein, dass es die Seite eines Kommunizierenden gibt, welcher mithilfe von Zeichen (Sprache, Schrift) einem

Empfänger eine Nachricht übermittelt. Diese Übermittlung kann gestört sein.

Die Entwicklung der Kommunikationsmodelle zeigt, dass immer mehr Augenmerk auf das gelenkt wurde, was hinter dem reinen Austausch von Informationen (Sachebene) steht. Die Befindlichkeiten der Personen, die miteinander kommunizieren, und deren Beziehung zueinander (Beziehungsebene) spielen eine große Rolle für die Frage, wie Kommunikation abläuft und ob sie (störungsfrei) gelingt.

INSBESONDERE NONVERBALE UND PARAVERBALE KOMMUNIKATION

Die Kommunikationsmodelle unterstreichen die besondere Bedeutung der nonverbalen und der paraverbalen Kommunikation – auch wenn man sich dieser nicht immer bewusst ist.

Die *verbale Kommunikation* betrifft die wörtliche Sprache. Die gesprochenen (oder geschriebenen) Wörter vermitteln Inhalte.

Viel älter als die Sprache und universeller – trotzdem auch abhängig vom kulturellen Kontext – ist die *nonverbale Kommunikation*. Diese Art der Verständigung findet ohne Worte statt, über den Gesichtsausdruck, Gesten und die Körperhaltung, aber auch Blickkontakt, Bewegungen, Berührungen und Distanz zu dem Gegenüber gehören dazu.

Jedes nichtsprachliche Verhalten gibt Auskunft über die inneren Zustände einer Person. Der Empfänger kann Schlüsse aus dem Verhalten ziehen. Diese Signale können von dem Sender gewollt sein, aber auch unbewusst oder unkontrolliert erfolgen.

Wenn eine Person errötet, kann sie dies nicht steuern und bekommt es vielleicht noch nicht einmal mit. Der Gesprächspartner kann aber bestimmte Befindlichkeiten seines Gegenübers ablesen (Scham, Nervosität oder auch Wut). Die Ausdrucksmittel einer Person können sehr weit gefasst werden. Selbst durch Kleidung, Berufskleidung, eine Frisur, Schmuck und Accessoires können bestimmte Botschaften gesendet werden, wie die Zugehörigkeit zu einer bestimmten Gruppe (Punk, Student, Soldat) oder Einstellungen und

Eigenschaften der Person (z. B. gepflegt, leger, nachlässig).

Die willentlich beeinflussbaren Äußerungen erfolgen zunächst über die Gestik, die Mimik und die Körperhaltung. Unter *Gestik* versteht man Bewegungen, insbesondere mit den Armen und den Händen (abwehrende Handbewegung, Gestikulieren mit den Händen), aber auch mit dem Kopf (Schütteln, Nicken, Kopf schräg halten bei Skepsis) oder anderen Körperteilen (Schulterzucken).

Unter der *Mimik* (abgeleitet von der „Miene") versteht man Bewegungen des Gesichts, vor allem mit den Augen (Augen weit aufreißen bei Erstaunen, Augen verdrehen bei Unverständnis oder Missachtung) und dem Mund (Mundwinkel nach unten verziehen bei Ablehnung, Lächeln), also den Gesichtsausdruck.

Eine nonverbale Kommunikation findet aber auch über den *Blickkontakt* statt. Das ist der wechselseitige Blick zwischen zwei Personen, diese schauen sich gegenseitig in die Augen. Ein Blickkontakt ist also immer etwas Gegenseitiges. Wird ein Blickkontakt durch Wegschauen verweigert, ist dies natürlich auch eine Kommunikation (Ablehnung).

Ansonsten kommt jede Art von Bewegung als nonverbale Kommunikation in Frage: sich wegdrehen vom Gegenüber, weggehen (Ablehnung; Weigerung, zuzuhören), auf die andere Person zugehen, näher an eine Person herangehen, Berührung des Gesprächspartners am Arm, sich dem anderen zuwenden, umarmen (Zuspruch), Hand auf die Schulter legen, klatschen (Lob, Bestätigung).

Auch Handlungen, die sich nicht direkt auf eine andere Person beziehen, stellen eine Art nonverbaler Kommunikation dar: Türenknallen als Ausdruck von Wut (die Kommunikation wird abrupt beendet), offene Tür als Ausdruck von Bereitschaft zum Gespräch, geschlossene Tür als Ausdruck, dass keine Kommunikation erwünscht ist.

Auch alle nichtsprachlichen Laute fallen darunter, wie Lachen und Stöhnen. Aber auch die sprachliche Kommunikation hat nonverbale Aspekte. Dabei handelt es sich um die *paraverbale Kommunikation*. Paraverbal bedeutet „neben" der Sprache. Zu denken ist dabei etwa an die Stimmlage (hoch, tief), den Resonanzraum der Stimme, das Sprechverhalten, das Tempo, das Setzen von Sprechpausen, die Artikulation, den Rhythmus, die Lautstärke, die richtige Betonung. Die

Intonation (zeitlicher Verlauf der Tonhöhe) ergibt schließlich die Satzmelodie. Dabei handelt es sich um individuelle Eigenschaften des Sprechers.

Auch die Stimme stellt ein individuelles Merkmal des Sprechers dar. Er kann seine Stimme einsetzen, um bestimmte Effekte zu erzielen, eine Reaktion bei dem Zuhörer hervorzurufen und seinen Vortrag zu unterstützen.

Ein paar Beispiele: Wenn der Redner sehr schnell spricht, kann er zwar quantitativ mehr Informationen übermitteln, es stellt sich aber die Frage, ob diese überhaupt vollständig ankommen. Der Empfänger kann sich vielleicht nicht durchgehend konzentrieren oder das Gesagte nicht so schnell aufnehmen und verarbeiten. Die Gefahr besteht, dass ein Teil der übermittelten Information einfach an ihm vorbeirauscht und so verloren geht. Die Informationen kommen daher nur unvollständig bei ihm an.

Langsames Sprechen hingegen vermittelt den Eindruck von Kontrolle. Die Informationen können vom Empfänger gut aufgenommen werden. Ohne die passenden Akzente kann zu langsames Sprechen aber auch monoton erscheinen und den Zuhörer „einschläfern".

Der Tonfall besagt viel über den emotionalen Zustand des Sprechers. Die Stimme kann fröhlich oder traurig klingen. Solche Emotionen lassen sich aber auch gezielt als Stilmittel einsetzen. So kann eine gewisse Spannung aufgebaut werden, um die Aufmerksamkeit des Zuhörers zu erhalten.

Ein Zögern beim Sprechen lässt den Eindruck von Zweifel oder Unsicherheit entstehen. Andererseits können sinnvoll eingesetzte Sprechpausen den Vortrag strukturieren und dem Zuhörer die Möglichkeit geben, das Gehörte kurz sacken zu lassen.

Alle Stilmittel haben ihre Wirkung auf die Kommunikation. Eine abwechslungsreiche Gestaltung bei der Sprechweise (Tempo, Tonwechsel) und eine richtige Betonung und das sinnvolle Setzen von Pausen steigern die Qualität des Vortrags.

Wie lässt sich die nonverbale Kommunikation einsetzen?

Die Körpersprache kann bewusst eingesetzt werden, wie etwa Nicken, wenn man etwas bestätigen möchte, oder Schulterzucken, wenn man seine Unentschlossenheit ausdrücken möchte. Mit dieser Art der Kommunikation lassen sich verbale

Botschaften unterstreichen (bestätigendes Nicken, Lächeln) oder relativieren/abschwächen (abwertende Handbewegung, Gesicht/Mundwinkel nach unten verziehen).

Es lassen sich auch unmittelbar Emotionen ausdrücken, durch einen freundlichen oder wütenden Blick, eine lauter werdende Stimme, Lachen oder Weinen. Auch kann die Einstellung zu dem Gesprächspartner zum Ausdruck gebracht werden (Verdrehen der Augen, wenn dieser etwas sagt, was man nicht nachvollziehen kann; gelangweilter Gesichtsausdruck, Umdrehen, Wegdrehen aus dem Blickfeld des Gesprächspartners).

Die nonverbale Kommunikation kann die verbale auch ersetzen, z. B. Kopfschütteln oder Schweigen als negative, ablehnende Antwort/Reaktion oder Nicken als Bejahung. Körpersprache findet – insbesondere als Reaktion – oft unbewusst statt. Wenn man aber versucht, sich die eigene Körpersprache bewusst zu machen, kann man diese Art der Kommunikation trainieren und gezielt einsetzen. Dies ist auch beim Vortrag der Fall.

Hierzu folgende Beispiele.

Wenn Sie während des Sprechens die Arme verschränken, vielleicht weil Sie verlegen oder unsicher sind, bauen Sie hierdurch eine Barriere auf und demonstrieren gegenüber dem Zuhörer eine distanzierte oder gar abweisende Haltung.

Das Gegenteil wäre: Sie stehen mit locker hängenden Armen da, Ihr Körper ist dem anderen zugewandt, und setzen Arme und Hände bei Ihrem Vortrag unterstützend ein, indem Sie sie z. B. heben. Eine öffnende Bewegung der Arme nach außen kann dabei eine wichtige Botschaft Ihrer Rede unterstützen. Eine solche Haltung beim Sprechen können Sie sich im Laufe der Zeit antrainieren. Stellen Sie sich zu Hause beim Sprechen vor einen Spiegel und beobachten Sie sich, während Sie bewusst eine gegenüber dem fiktiven Zuhörer geöffnete und zugewandte Körperhaltung einnehmen.

Wenn Sie nervös sind, zeigt sich dies nicht nur an Ihrer Sprache, Sie kommen ins Stocken, es kommt zu einem „äh" oder „ähm". Diese Gesprächspartikel füllen kleine Sprechpausen beim Nachdenken. Solche Füllwörter werden von dem Sprecher oft als unangenehm empfunden, da sie signalisieren, dass der Sprecher nicht weiterweiß. Zu viele dieser Füllwörter können auch von dem Zuhörer als unangenehm wahrgenommen werden, weil sie den Fluss und damit die Verständlichkeit des Vortrags einschränken.

Ihre Nervosität kommt aber auch durch Ihre Körpersprache zum Ausdruck. Sie kratzen sich am Kopf, drehen an Ihrem Stift, hantieren mit Zetteln, spielen mit Ihren Haaren. Hierbei handelt es sich um sogenannte Übersprungshandlungen. Ihre nervöse Anspannung setzt sich um in unbewusste Handlungen, welche keinen sinnvollen Bezug zu der gegenwärtigen Situation haben. Dies hat mit der als stressbeladen empfundenen Situation zu tun. Statt vor einer als bedrohlich empfundenen Situation einfach wegzulaufen, entlädt sich das Bedürfnis zu Bewegung in solchen monotonen Handlungen, welche für sich gesehen keinen Sinn haben.

Diese Handlungen sind sicher schwer zu kontrollieren und lassen sich nicht immer verhindern, denn sie fallen einem selbst nicht unbedingt auf. Sobald sich aber Ihre Angespanntheit legt, werden auch diese nervös bedingten Übersprungshandlungen automatisch nachlassen. Auch insofern gilt letztendlich: Seien Sie authentisch. Dann folgt die unbewusste Körpersprache Ihrer positiven inneren Haltung.

Störungen der Kommunikation

Die Kommunikation kann auf verschiedene Weise gestört sein.

Zum einen durch *äußere Umstände,* zum Beispiel durch Lärm von draußen (ein offenes Fenster) oder von drinnen (Personen unterhalten sich). Diese Störungsursachen lassen sich in der Regel leicht beheben.

Es kann auch *sprachliche Probleme* geben, welche eine Kommunikation erschweren. Die Gesprächspartner sprechen verschiedene Sprachen und müssen sich in einer dritten Sprache unterhalten oder in der Sprache des einen Partners, die der andere aber nur eingeschränkt beherrscht. Es kann bereits eine Erschwernis aufgrund eines oder verschiedener Dialekte bestehen. Es gibt in Dialekten oder in verschiedenen geografischen Bereichen Wörter und Ausdrücke, die in anderen Gegenden gar nicht vorkommen oder eine andere Bedeutung haben (z. B. verschiedene Ausdrücke für die Zeitangabe 12:45 Uhr: „dreiviertel eins", „viertel eins" und „viertel vor eins").

Gleiches gilt für kulturelle Unterschiede. Was in manchen Kulturen als ehrliche Äußerung wertgeschätzt wird, wird in anderen Kulturen als unhöflich empfunden. Auch die Art, zu sprechen, kann sich unterscheiden (laut und temperamentvoll, leise und zurückhaltend). Verschiedene Kulturen können einem Verhalten in kommunikativer Hinsicht unterschiedliche Bedeutungen zumessen. So das Beispiel eines deutschen Professors in den USA. Dieser saß während der Sprechstunde für Studenten bei geschlossener Tür in seinem Büro. Amerikanische Studenten wagten sich nicht herein. Die geschlossene Tür signalisierte Ihnen: Der Professor möchte nicht gestört werden. Sie hätten eine geöffnete Tür erwartet. Der

Professor ging davon aus, dass ein Student, der eine Frage hat, anklopft und dann reinkommt.

Die Sprechweise (undeutlich, zu leise, genuschelt, Vorhandensein eines Sprachfehlers) kann ebenfalls die Verständlichkeit beeinträchtigen. Auf der Empfängerseite können fehlende Konzentration und mangelnde Aufmerksamkeit, aber auch Schwerhörigkeit dazu führen, dass die Botschaft nicht ankommt.

Die Gesprächspartner können auch aneinander vorbeireden, weil bestimmte verwendete Begriffe unklar oder doppeldeutig sind. Es gibt Wörter mit doppelter Bedeutung (Absatz, Bank, Blatt, Fach, Gericht etc.). Es ist nicht immer sofort erkennbar, welche Bedeutung gemeint ist.

Bestimmte Stilmittel des Sprechers – Verwendung von Ironie, Witz – können missverstanden werden. Der Sprecher trifft eine Aussage, welche er nicht ernst meint, die aber vom Empfänger ernst genommen wird. Die Ironie ist z. B. aus der Situation heraus nicht ohne Weiteres erkennbar oder dem Empfänger fehlt vielleicht auch der Sinn für Ironie. Das Spektrum von Missverständnissen ist vielfältig.

Schließlich besteht die Möglichkeit, dass bei den Gesprächspartnern unterschiedliche Vorkenntnisse vorhanden sind; z. B. verwendet der Sprecher Fremdwörter aus seinem Fachgebiet, die der andere nicht kennt.

STÖRUNGEN ERKENNEN UND VERMEIDEN

Oft bleiben Missverständnisse aber nicht unentdeckt. Aufgrund von Nachfragen oder auch allein aufgrund fragender Blicke kann der aufmerksame Sprecher erkennen, dass bei der Kommunikation etwas „schiefgelaufen" ist, und dann seinerseits entsprechend nachfragen und aufklären.

Sprachliche Missverständnisse lassen sich dadurch vermeiden, dass der Sprecher sich bestmöglich auf sein Publikum einstellt. Welche Personen stecken dahinter?

Wenn das Publikum eher homogen ist, bestehend aus Personen, die einen ähnlichen Hintergrund haben (etwa gleich alt, gleiche Bildung, gleicher beruflicher Background, gleicher gesellschaftlicher Hintergrund, gleiche Interessen), ist es für den Vortragenden einfacher, sich auf sein Publikum einzustellen.

Ist das Publikum eher heterogen, bestehend aus Personen, bei denen die oben genannten Aspekte überwiegend nicht übereinstimmen, muss der Redner versuchen, einen größtmöglichen Nenner zu finden. Ist das Publikum eher älter, ist die Verwendung von Modewörtern aus der Sprache jüngerer Erwachsener zu vermeiden, da dies zu Irritationen führen könnte. Vielleicht werden diese Wörter von einer älteren Generation auch gar nicht verstanden. Umgekehrt muss sich ein älterer Sprecher sprachlich nicht seinem jüngeren Publikum anpassen. Auch hierbei steht immer die Authentizität des Redners im Vordergrund.

Bei einem Fachvortrag ist von ähnlich gelagerten Kenntnissen bei den Zuhörern auszugehen. Die Benutzung von Fachwörtern und fachbezogenen Fremdwörtern ist daher unproblematisch. Bei einem höher gebildeten Publikum kann die Sprache gehobener sein. Bei einem gemischten Publikum muss auf Verständlichkeit und eine einfachere Sprache geachtet werden. Bei einem Vortrag vor einem überwiegend anderssprachigen

Publikum muss der Sprecher das Sprachniveau der Zuhörer berücksichtigen.

Die Sprache als Medium

Der Vortrag ist in erster Linie ein mündliches, auditives Medium. Die Sprache spielt daher eine bedeutende Rolle. Sie ist die äußere Form, in welcher dem Zuhörer der Inhalt vermittelt wird. Es ist wichtig, wie Sie den Vortrag gestalten.

Lesen Sie einfach nur ab? Sprechen Sie frei, aber benutzen mehr oder weniger ausführliche Stichpunkte? Gestalten Sie den Vortrag so frei, dass sogar Platz ist für Einwürfe, Nachfragen des Publikums, Diskussionen mit dem Publikum oder für von Ihnen selbst spontan eingeworfene Beispiele oder auflockernde kleine Anekdoten?

Die Antwort hierauf ist, dass es Ihnen Ihre Zuhörer – insbesondere bei längeren Vorträgen – danken werden, wenn Sie nicht stur an Ihrem Skript kleben bleiben. Und das Vorlesen eines Vortrags ist ein No-Go.

Jeder hat bestimmt schon einmal die Erfahrung gemacht, dass es schwerfällt, eine längere Zeit zuzuhören, wenn eine Person einen Text lediglich abliest. Zwar gibt es Personen, die gut vorlesen können – mit einer guten und passenden Betonung kann eine Lesung auch interessant sein –, Vorlesen hat allerdings nichts mit einem Vortrag zu tun.

Vorgelesen wird meist ein Text, dessen Urheber eine andere Person ist. Wenn der Nachrichtensprecher die Nachrichten vorliest, vermittelt er dem Zuschauer deren Inhalt, aber nicht seine eigene Meinung oder seine eigene Position. Der Nachrichtensprecher ist austauschbar.

Die Person, die einen Vortrag hält, steht indes mit ihrer Persönlichkeit im Mittelpunkt. Sie gestaltet, überbringt eine eigene Botschaft. Durch eine gute und abwechslungsreiche rhetorische

Gestaltung können Sie sich der Aufmerksamkeit Ihrer Zuhörer sicher sein. Gestalten Sie den Vortrag nicht nur inhaltlich, sondern auch sprachlich abwechslungsreich? Reden Sie monoton oder achten Sie auf die passende Betonung und verändern Sie auch einmal die Lautstärke?

Hierzu kann man die folgende Übung durchführen. Einen beliebigen Satz erst ganz monoton vorlesen. Dann denselben Satz mit verschiedenen Emotionen vortragen: fröhlich, wütend, verzweifelt, traurig, stolz, verängstigt.

Sie werden erstaunt sein, wie unterschiedlich der Satz – trotz des immer selben Inhalts – wirkt.

Benutzen Sie viele Fremdwörter oder Fachbegriffe? Dies hängt sehr stark von Ihrer Zuhörerschaft ab. Sie sollten sich jedoch nie so sehr von dem Niveau Ihrer Zuhörer entfernen, dass Ihnen niemand mehr ohne größere Anstrengung folgen kann.

Wenn Sie Ihren Vortrag in bestimmten Gegenden halten, spielen auch die Aussprache und ein Dialekt eine Rolle. In einer Gegend, in welcher Dialekt gesprochen wird, stellt dieser ein verbindendes Element dar. Durch eine deutlich hochdeutsche Aussprache werden Sie eine große

Distanz zum Publikum aufbauen. Natürlich können Sie auch nicht einfach einen Dialekt imitieren,
den Sie selbst nicht sprechen. Sie können aber zu
Beginn des Vortrags darauf hinweisen, dass Sie
aus einer anderen Stadt/einer anderen Gegend
kommen.

Der Redner muss seinerseits vermeiden, einen
deutlichen Dialekt zu benutzen, wenn das Publikum diesen nicht spricht oder versteht.

DIE RICHTIGE RHETORIK

Rhetorik ist die Kunst des Redens.
Manche Menschen sind rhetorische Naturwunder.
Sie können ohne große Nervosität auch vor einer
größeren Gruppe von anderen Menschen sprechen. Sie können sich automatisch ihren Zuhörern
anpassen und diese optimal erreichen. Sie können
ihren Vortrag interessant gestalten und mit pas-
sender Mimik und Gestik untermalen. Sie sind
sich der Konzentration ihrer Zuhörerschaft sicher.
Ihr Publikum hört ihnen gerne zu und ihre Botschaften kommen an und bleiben in den Köpfen.
Auch auf Nachfragen können sie antworten, ohne
sich aus dem Konzept bringen zu lassen. Sie halten

ihren Vortrag so souverän und überzeugend, als hätten sie nie etwas anderes gemacht. Bei den meisten Menschen sieht es jedoch anders aus.

Die rhetorischen Fähigkeiten

Allerdings lassen sich die rhetorischen Fähigkeiten erlernen und trainieren. Unter die rhetorischen Fähigkeiten fallen die Sprache und die Gestaltung des Gesagten an sich, aber auch die Mimik, die Gestik und die sonstige Körpersprache.

Wie findet man während des Vortrags die richtigen Worte, wie bringt man die Informationen und seine Botschaft überzeugend rüber?

Auch hier gilt, dass es keinen Sinn macht, sich zu verstellen und zu versuchen, als jemand anders zu erscheinen als der, der man ist. Dies ist falsch, denn niemand wird das über eine längere Zeit durchhalten können. Seien Sie einfach Sie selbst, stehen Sie zu Ihren Ängsten und Schwächen. Es ist nicht schlimm, einen Fehler zu machen, sich zu versprechen oder einmal den Faden zu verlieren. Wichtig ist nur, dass Sie dadurch nicht aus dem Konzept kommen.

Wenn man mal einen Fehler macht, kommt dies authentisch und sympathisch bei Ihrem Gegenüber an. Ihr Gegenüber kann sich dadurch sogar mit Ihnen identifizieren und denkt: „Das hätte mir auch passieren können".

Die Authentizität hilft daher dabei, das Eis bei dem Publikum zu brechen.

Wenn Sie Angst vor Ihrem Vortrag haben, ist es eher kontraproduktiv, sich auch noch selbst herunterzuziehen. Machen Sie sich positive Gedanken vor Ihrem Vortrag. Motivieren Sie sich. Sie haben das Fachwissen, das Sie dem Publikum vermitteln wollen. Sie haben Lust auf Ihren Vortrag. Wenn Sie Ihre positive Einstellung und Ihre Freude an dem Vortrag dem Publikum vermitteln, nimmt dieses Ihre positive Ausstrahlung wahr und Sie kommen glaubwürdig und sympathisch rüber.

Ihr Publikum ist Ihr Ansprechpartner. Nehmen Sie insbesondere zu Beginn Augenkontakt auf. Suchen Sie sich eine Person, die den Augenkontakt erwidert und Ihnen freundlich und offen zugewandt ist. „Schauen" Sie sich nach weiteren Personen als „Verbündete" um, wenn Sie den Vortrag begonnen haben. Wie reagieren die Personen auf Ihren Vortrag? Bei welcher Person haben Sie ein gutes Gefühl, wer reagiert positiv? Nehmen Sie auch zu diesen weiteren Personen Augenkontakt auf. Es kann sein, dass die Person, die Sie ansehen, Ihnen sogar bestätigend zunickt, wenn Sie etwas sagen. Dann funktioniert die Übung. Wenn Sie unmittelbare positive Reaktionen von Ihrem Publikum empfangen und Sie das Publikum auf Ihre Seite ziehen, stärkt Sie dies wiederum in Ihrem Selbstbewusstsein.

Achten Sie auf die Gestaltung Ihrer Rede. Benutzen Sie eine Sprache, die für Ihr Publikum verständlich ist. Machen Sie keine langen, komplizierten Sätze. In der Kürze liegt die Würze. Kommen Sie auf den Punkt. Schweifen Sie nicht unnötig ab. Der Vortrag sollte so lange dauern, wie es inhaltlich erforderlich ist. Er sollte aber nicht unnötig in die Länge gezogen werden.

Sprechen Sie ruhig und deutlich. Achten Sie darauf, nicht schneller zu werden. Dazu lässt man sich automatisch verleiten, wenn man das Gefühl hat, dass der Vortrag zu lange dauert und die Zuhörer ungeduldig werden. Kürzen Sie Ihren Vortrag lieber im Voraus. Dann müssen Sie sich nicht hetzen lassen. Verzetteln Sie sich nicht während des Vortrags. Planen Sie gegebenenfalls Zeit für Nachfragen ein. Achten Sie aber darauf, dass eine im Publikum entstehende Diskussion nicht ausufert und Sie dann der Zeit hinterherlaufen und evtl. sogar etwas weglassen müssen. Es ist ein typischer Ablauf bei Fortbildungen, dass die Zeit am Ende knapp wird und wichtige Themen leider nur noch kurz angeschnitten werden können oder sogar weggelassen werden müssen.

Lassen Sie sich nicht von der Zeit treiben, so dass Sie Ihren Vortrag nur noch herunterrattern. Sprechpausen sind wichtig. Ihre Botschaften müssen bei dem Zuhörer nachwirken können. Dies steigert die Wirkung Ihrer Botschaft. Das Aufgenommene muss kurz verarbeitet werden können, sonst ist es nach dem Vortrag nicht mehr im Gedächtnis vorhanden.

Ihr Vortrag ist um ein Vielfaches wirkungsvoller, wenn Sie dem Publikum diese kleinen Pausen gönnen. Das Publikum wird nicht mit Informationen überschüttet, sondern zum Mitdenken angeregt. Wer dem Vortrag richtig folgen kann, ist dann auch darauf gespannt, wie es weitergeht, und steigt nicht mittendrin aus.

Sprechen Sie Ihr Publikum auch auf einer emotionalen Ebene an. Verwenden Sie Ich-Botschaften. Sagen Sie z. B. nicht „Es wäre besser, dass ...", sondern formulieren Sie „Ich halte es für besser, dass ...". Dies zeigt dem Publikum, dass Sie hinter Ihren Botschaften stehen.

Bauen Sie Höhepunkte in Ihren Vortrag ein. Machen Sie das Thema spannend. Steigern Sie die Spannung. Dann folgt die Auflösung, das Aha-Erlebnis. Formulieren Sie: „Und können Sie sich vorstellen, was die Lösung dieses Problems ist?" – dann folgt die Information, die Lösung, das, worauf es ankommt. Wenn der Zuhörer Ihren Gedankengang auf diese Weise förmlich „miterleben" kann, wird er Ihnen begeistert folgen. Dann geben Sie Langeweile keine Chance.

Liefern Sie praktische Beispiele und bleiben Sie nicht bei theoretischen Ausführungen stehen. Wenn das Thema ohnehin trocken ist, benötigen Ihre Zuhörer unbedingt Auflockerungen. Praktische Beispiele erleichtern auch die Umsetzung für das Publikum. Ihr Publikum soll schließlich aus dem Vortrag gehen und etwas für sich „mitnehmen". Das Publikum besucht den Vortrag, weil es sich für den Inhalt interessiert, weil es sich etwas davon verspricht, weil es Ratschläge zu einem bestimmten Thema bekommen möchte, einen Leitfaden, wie die neu gewonnenen Erkenntnisse umgesetzt und angewendet werden können. Ihr Publikum möchte von Ihnen profitieren.

Sie können das Publikum auch in den Vortrag einbeziehen. Sprechen Sie das Publikum direkt an. Stellen Sie Fragen zu Lösungsvorschlägen. Wenn Sie mit dem Publikum an geeigneten Stellen die Lösung „zusammen" erarbeiten, wird der Aha-Effekt noch verstärkt. Das Publikum denkt aktiv mit. Dieses Mittel kann auch eingesetzt werden, wenn man merkt, dass eine gewisse Ermüdung eintritt.

Gestalten Sie Ihren Vortrag lebendig. Im Rahmen der Vorbereitung können Sie zur Übung sich oder einer anderen Person einen Text laut vorlesen. Sie können sich dabei auch aufnehmen. Versuchen Sie, die Lautstärke, das Tempo und die Tonalität zu verändern. Setzen Sie gezielt Pausen. Werden Sie sich dieser Stilmittel bewusst. Nur wenn Sie diese Gestaltungsmittel üben, werden sie Ihnen in Fleisch und Blut übergehen. Dann wird Ihre Sprache die richtige Wirkung auf Ihre Zuhörer entfalten.

Rhetorische Mittel

Neben den rhetorischen Fähigkeiten gibt es auch noch rhetorische Mittel, mit denen Sie die Sprache besonders gestalten können. Durch deren Beherrschung vermitteln Sie sprachliche Kompetenz. Die Benutzung dieser Mittel hilft dabei, den Zuhörer zu überzeugen und den Vortrag aufzulockern und Ihre Aussagen zu veranschaulichen.

Es gibt verschiedene rhetorische Mittel.

Zunächst einmal die *Klangwirkung.* Die Wörter werden nach einem bestimmten Klang gewählt. Durch den Klang entsteht ein besonderer Effekt, z. B. bei einer Alliteration (aufeinanderfolgende Wörter mit demselben Anfangsbuchstaben; „Mit Mann und Maus") oder bei einer Lautmalerei (der Klang des Wortes **untermalt** dessen Bedeutung; „zischen", „plätschern").

Spiel mit der Bedeutung der Wörter. Die eigentliche Bedeutung wird durch eine andere ersetzt: bei einem Vergleich z. B. werden zwei Bereiche in Beziehung zueinander gesetzt („Der Mann ist so stark wie ein Bär"), bei einer Metapher bekommt ein Wort eine bildliche Bedeutung („Fuchs" ist ein schlauer, listiger Mensch), bei einer Hyperbel wird der Ausdruck in einer vergrößernden

(„blitzschnell") oder verkleinernden Weise („Schneckentempo") übertrieben.

Spiel mit Zahl und Reihenfolge der Wörter und Gedanken. Bei einer Klimax z. B. kommt es zu einer Steigerung in mehreren Stufen („Jede Stadt, jedes Land, jeder Kontinent") und bei der Ellipse wird ein Satzteil weggelassen („Je schneller, desto besser").

Dies sind nur einige Beispiele. Weitere bekannte Beispiele für rhetorische Mittel sind Ironie, Anspielung, Personifikation („Der Himmel weint" = Regen) und die rhetorische Frage („Das glauben Sie doch selbst nicht?").

Man muss diese sprachlichen Besonderheiten schon beherrschen, um sie fehlerfrei verwenden zu können. Einige entsprechen aber auch geläufigen Redewendungen (Beispiel: „Mit Mann und Maus", „Stark wie ein Bär"). Mit solchen geläufigen Ausdrücken kann man nichts falsch machen und seine Rede etwas ausschmücken und ansprechender gestalten.

Die Stimme

Ihre Stimme spielt eine zentrale Rolle für das Gelingen Ihres Vortrags. Deswegen ist ihr ein eigenes Kapitel gewidmet.

Wer kennt das nicht? Eine Person, welche man auf den ersten Blick von der Optik her positiv wahrnimmt, beginnt, zu sprechen. Die Stimme ist leise und undeutlich. Sofort werden dieser Person Eigenschaften wie mangelndes Selbstwertgefühl oder eine langweilige, unscheinbare Persönlichkeit zugeschrieben. Oder die Stimme ist laut und schrill. Es ist einfach unangenehm, einer solchen Person zuzuhören, egal, was sie sagt. Der Klang der Stimme macht viel von dem aus, was von dem Sprecher wahrgenommen wird.

Natürlich kann man seine eigene Stimme nicht grundlegend verändern. Sie ist vorgegeben, so wie andere körperliche Merkmale einer Person auch. Die Stimme verändert sich aber auch im Laufe des Lebens durch das Altern und durch äußere Einflüsse. Menschen, die beruflich viel mit der Stimme arbeiten, können diese strapazieren und schädigen.

Aber man kann sehr viel an der Entwicklung und der Verbesserung seiner Stimme arbeiten. Denken Sie etwa an Sänger oder Schauspieler. Diese lernen in ihrer Ausbildung und auch mit berufsbegleitenden Stimmbildungsübungen nicht nur, deutlich zu artikulieren. Sie entwickeln den Klang und die Fülle ihrer Stimme. Die körperlich vorgegebenen Grenzen lassen sich erweitern. Das Volumen nimmt zu. Der Stimmumfang wird verbessert und auch die Klangfarbe der Stimme. Dies zeigt: Sie können an und mit Ihrer Stimme arbeiten.

Eine schrille oder quäkende Stimme, die gequetscht klingt, ist oft auf eine falsche Sprechtechnik zurückzuführen. Wenn Sie in Ihrem Beruf sehr viel sprechen oder vortragen müssen, kann es sich lohnen, Unterricht bei einem Sprecherzieher oder auch einem Gesangslehrer zu nehmen. In Fällen, in denen die Stimme wirklich leidet aufgrund jahrelanger falscher Sprechweise, die dann auch die Stimmbänder schädigen kann, oder beim Vorliegen eines Sprachfehlers (Stottern, Haspeln etc.) suchen Sie besser einen Logopäden auf. Es finden sich aber auch in Büchern oder im Internet Übungen und Anleitungen, mit denen man die eigene Stimme etwas trainieren kann.

Zur Selbstkontrolle können Sie einmal Ihre Stimme aufnehmen und sich die Aufnahme anhören. Dies entspricht dem, was andere Personen von Ihrer Stimme hören. Man selbst nimmt sich beim Sprechen anders wahr.

Machen Sie Atem- und Entspannungsübungen, wie sie auch Sänger durchführen, um Ihre Stimme zu schulen, aber auch, um sich für den konkreten Auftritt aufzuwärmen.

Führen Sie *Körperübungen* durch, um sich zu lockern. Lockern Sie Ihre Schultern. Kreisen Sie die Arme. Klopfen Sie Arme, Körper, Beine und Schultern ab. Dehnen Sie sich nach oben, lassen Sie den Oberkörper locker „runterfallen". Setzen

Sie die Übungen in Ihrem Gesicht fort. Entspannen Sie den Kiefer, die Zunge, die Lippen. Dazu eignet sich entweder ein „brrrr" mit den Lippen oder ein gerolltes „rrrr" mit der Zungenspitze. Klopfen Sie die Muskeln in Ihrem Gesicht ab, streichen Sie über Ihre Stirn und Ihre Wangen. Lockern Sie die Muskulatur mit den Fingerspitzen. Massieren Sie Ihren Nacken.

Machen Sie *Atemübungen*, um die Bauchatmung zu trainieren. Atmen Sie tief durch die Nase ein. Fühlen Sie die Luft in Ihren Bauch strömen. Mit einer tiefen Atmung nehmen Sie mehr Sauerstoff auf als mit einer flachen Atmung. Eine flache Atmung ist zu schnell und oberflächlich. Sie fördert Nervosität. Die tiefe, langsame Atmung beruhigt. Wenn man bewusst auf bestimmte Weise ein- und ausatmet, gewöhnt man sich die richtige Atmung an und wird sie auch unbewusst durchführen. Atmung geschieht ganz automatisch. Eine effektive Atemtechnik lässt sich aber erlernen und trainieren.

Beispiele für *Stimmübungen*: Summen Sie vor sich hin (mmmm). Verändern Sie die Dynamik. Lassen Sie den Ton anschwellen. Summen Sie lauter, dann wieder leiser. Verändern Sie die

Tonhöhe. Denken Sie an eine Achterbahn. Fahren Sie mit Ihrer Stimme nach oben und dann wieder nach unten. Achten Sie darauf, dass die Übergänge geschmeidig sind. Sie werden sich wundern, wie viel Sie mit Ihrer Stimme gestalten können.

Sie können auch zu einem Vokal übergehen (mmmmaaaa) und sollten dabei darauf achten, dass der Übergang flüssig und ohne Bruch in der Stimme vonstattengeht.

Beginnen Sie mit einem hohen Ton (Vokal: aaaa) und lassen Sie die Stimme nach unten „fallen". Achten Sie dabei auf einen weichen Verlauf des Tons. Die Stimme sollte sich nicht brechen. Fangen Sie den Ton unten auf. Dies trainiert auch eine gewisse Spannung. Mit diesen Übungen werden Sie Ihre Stimme besser beherrschen.

Falls Sie etwas musikalisch sind, machen Sie Gesangsübungen wie ein Sänger. Singen Sie Tonfolgen und sich wiederholende Akkorde. Gehen Sie dabei immer einen Halbton nach oben oder unten.

Wenn Sie einfach vor sich hin summen, ohne dabei auf eine bestimmte Modulation zu achten, können Sie übrigens ganz einfach die Höhe Ihrer Sprechstimme herausfinden. Bei den meisten

Menschen ist die Stimme viel tiefer, als sie denken. Durch Anspannung und Stress neigt man nämlich dazu, die Stimme zu erheben. Wer dauerhaft in einer zu hohen Stimmlage spricht, schadet damit auch seiner Stimme.

Das Sprechen mit der natürlichen (tieferen) Stimme kommt Ihnen leichter über die Lippen. Dies merkt auch Ihr Gegenüber. Es liegt Entspannung in Ihrer Sprache. Die Wärme, welche die Herzen Ihrer Zuhörer öffnet, können Sie nicht nur mit Ihrer Art, sondern auch mit Ihrer Stimme rüberbringen.

Der Empfänger

Der Empfänger steht im Zentrum Ihres Vortrags. Für ihn ist der Vortrag bestimmt. Der Empfänger soll von Ihrem Vortrag profitieren, etwas lernen, etwas „mitnehmen", darüber nachdenken, seine Meinung vielleicht überdenken und umdenken oder bei seiner eigenen Ansicht bleiben. Er soll sich mit dem Inhalt Ihrer Botschaften auseinandersetzen.

SEINE PERSÖNLICHKEIT

Mit den Mitteln der Kommunikation versuchen Sie, Ihren Zuhörer zu erreichen. Dabei stellt sich die wichtige Frage, wer Ihr Zuhörer eigentlich ist. Der soziale und kulturelle Hintergrund spielt eine wichtige Rolle. Ebenso die aktuelle Situation, in der sich der Zuhörer gerade befindet. Sie können sich zwar nicht über die jeweilige Lebensgeschichte Ihrer Zuhörer informieren und auf die momentane Befindlichkeit Ihrer Zuhörer haben Sie auch keinen Einfluss. Ob jemand müde ist, schlechte Laune hat, gerade mit einem eigenen Problem beschäftigt und daher abgelenkt ist – daran können Sie nichts ändern. Durch eine gute Atmosphäre und eine gute Präsentation Ihres Vortrags können Sie jedoch die optimalen Bedingungen für Ihr Publikum schaffen.

Und Sie können sich bewusst machen, dass Ihre Zuhörer unterschiedliche Voraussetzungen und Fähigkeiten mitbringen, was die Art der Aufnahme von Information betrifft.

UNTERSCHIEDLICHE LERNTYPEN

Dabei handelt es sich um die Frage, welcher Lerntyp Ihr Gegenüber ist. Es gibt im Wesentlichen drei verschiedene Lerntypen: den auditiven, den visuellen und den kinästhetischen/haptischen

Lerntyp. Bei der Frage nach dem Lerntyp geht es nicht nur darum, wie jemand am effektivsten lernt. Es geht auch darum, welchen Wahrnehmungskanal eine Person bevorzugt (Sehen, Hören, Bewegung/Fühlen).

Der rein *auditive* Typ (bevorzugt das Hören) ist am seltensten vertreten. Dies sind Menschen, welche das gesprochene Wort gut auffassen können. Sie können dem Vortragenden auch längere Zeit gut zuhören und das Gehörte erfassen und behalten.

Der *visuelle* Lerner (bevorzugt das Sehen) kann sich besser Inhalte behalten, die er gelesen hat. Er kann sich auch gut behalten, wo er was gelesen hat (1. Seite, letzter Absatz usw.).

Der *kinästhetische oder haptische* Lerntyp (bevorzugt Bewegungsempfindung oder Tastsinn) kann sich nur dann gut konzentrieren und Inhalte aufnehmen und behalten, wenn er diese mit einem anderen Sinneseindruck verknüpft. Er muss Dinge anfassen, um sie be"greifen" zu können. Er muss das Lernen und die Aufnahme von Inhalten mit Bewegungen verbinden (Zeichnen von Strichmännchen während des Zuhörens, Auf- und Abgehen beim Lernen). Viele Menschen vereinen mehrere Aspekte dieser Lerntypen, ein Aspekt wird aber meistens favorisiert.

Was bedeuten die verschiedenen Lerntypen für meinen Vortrag?

Die Mischung macht's. Insbesondere bei einem längeren Vortrag ist es wichtig, alle Lerntypen anzusprechen. Ein mündlich gehaltener Vortrag spricht natürlich in erster Linie den auditiven Typen an. Bei Verteilung eines Handouts an die Zuhörer (dieses sollte nur Stichpunkte und Grafiken enthalten; bei längeren, ausgeschriebenen Texten beginnen die Zuhörer, mitzulesen) oder dem Einsetzen von PowerPoint-Präsentationen wird auch der visuelle Typ angesprochen und wird demnach nicht in dem mündlichen Vortrag „untergehen".

Für den kinästhetischen Lerner sollten Papier und Stifte bereitliegen, denn außer auf dem Papier zu kritzeln, schreibt er auch gerne das eine oder andere mit. Diese Mitschriften dienen nicht nur dem späteren Nachlesen. Der kinästhetische Lerner kann sich durch die Bewegung beim Schreiben besser auf den Vortrag konzentrieren. Die meisten Menschen sind – zumindest auch – kinästhetische Lerner. Auch der Einschub einer Grafik oder einer

Abbildung, gerne auch einer zum Thema passenden Karikatur oder eines Bilderwitzes, können den Vortrag für diese Lerngruppe – aber auch für alle anderen – auflockern; ebenso die Demonstration von gegenständlichen Objekten, wenn es zum Thema passt.

Durch die Berücksichtigung der drei Lerntypen ist die größtmögliche Konzentration bei Ihrem Publikum gewährleistet.

Der Sprecher

Die andere zentrale Person bei Ihrem Vortrag sind Sie selbst.

IHRE PERSÖNLICHKEIT

Nicht zu unterschätzen ist die eigene Persönlichkeit des Vortragenden. Sie halten den Vortrag. Niemand anderes. Es ist Ihr Vortrag. Würde an Ihrer Stelle eine andere Person den Vortrag halten, käme der Vortrag sicher anders beim Zuhörer an.

Es kommt bei Ihrem Vortrag auf Ihre Persönlichkeit an. Sie müssen sich nicht verstecken oder verstellen. Seien Sie ehrlich, sich selbst und dem Publikum gegenüber. Seien Sie authentisch. Besser ist es, sich auch einmal zu versprechen oder den Faden zu verlieren, wenn Sie dies mit einem ehrlichen Lächeln wieder korrigieren können, als bei dem Vortrag verkrampft, distanziert und hölzern zu wirken. Zeigen Sie Lebendigkeit. Strahlen Sie. Ihre Ausstrahlung wird den Zuhörer erreichen. Öffnen Sie Ihr Herz und Ihre Message wird die Herzen Ihres Publikums erreichen.

Gelassenheit – Seien Sie einfach Sie selbst
Bleiben Sie gelassen. Seien Sie selbstbewusst. Sie können nicht jede Eventualität vorhersehen. Wenn technische Geräte ausfallen, wenn unvorhergesehene Fragen gestellt werden – Sie müssen nicht auf alles vorbereitet sein, und das können Sie auch gar nicht.

Lassen Sie sich nicht aus dem Konzept bringen, wenn Nachfragen kommen, die Sie vielleicht nicht gut beantworten können oder die vom eigentlichen Thema abweichen. Die Qualität Ihres Vortrags leidet, wenn Sie sich durch solche Nachfragen verunsichern lassen.

Und: Sie müssen nicht alles wissen! Trotz guter Vorbereitung und sehr guter Fachkenntnis können Fragen kommen, die Sie nicht beantworten können. Stehen Sie dazu, lassen Sie sich nicht in eine Rechtfertigungsposition drängen.

Sie können erklären, dass dieser Punkt nicht zum Thema gehört, Sie können darauf hinweisen, dass Sie diesen Punkt später noch recherchieren und „nachreichen" werden, Sie können auch einfach sagen, dass Sie diese Frage nicht beantworten können. Vielleicht kann ein offener Punkt auch ein guter Anlass für eine sich daran anschließende fachliche Diskussion sein. Nachfragen sind nur dann „unangenehm", wenn Sie diese so auffassen.

Scheuen Sie sich nicht davor, kreativ zu werden. In Ihre Art der Präsentation wird immer mit einfließen, welcher Lerntyp Sie selbst sind.

Seien Sie Sie selbst. Dann lassen Sie sich auch nicht so leicht aus dem Konzept bringen. Dann können Sie sich Nachfragen und möglicher Kritik stellen, ohne das Gefühl, davon überrollt zu werden. Zeigen Sie Ihre Persönlichkeit bei dem Vortrag, sprechen Sie mit Begeisterung über Ihr Thema. Aufmerksame Zuhörer werden es Ihnen danken.

Feedback bitte!

Nach dem Vortrag hat man vielleicht das Gefühl, am liebsten schnell aus der Situation herausgehen und damit abschließen zu wollen.

Vielleicht steht man gerade noch unter dem Eindruck dessen, was nicht so gut geklappt hat. Besser ist es allerdings, wenn Sie unmittelbar danach in eine Selbstreflexion eintreten. Was hat gut geklappt bei Ihrem Vortrag, wo waren Sie sich eher unsicher? Warum war das so? Was können Sie verbessern?

Sie können sich auch Ihr Feedback beim Publikum abholen. Vielleicht erhalten Sie bereits

automatisch ein Feedback durch Lehrer oder Se-
minarleiter und Reaktionen aus dem Publikum,
Lob und Kritik. Versuchen Sie, davon zu profitieren, bei der Überlegung, was Sie verbessern können. Nehmen Sie auch negative Kritik professio-
nell auf und nehmen Sie sie nicht persönlich.

Seien Sie stolz auf sich, wenn Sie Ihren Vortrag beendet haben – wie der Künstler, der seinen
Auftritt absolviert hat. Holen Sie sich Ihren Ap-
plaus ab!

Auch wenn Sie Ihren Vortrag nicht perfekt
fanden. Viele Menschen stellen überhöhte Anfor-
derungen an sich selbst, registrieren den kleinsten
Fehler, den andere Personen wahrscheinlich gar
nicht wahrnehmen. Dadurch sind sie ohne Grund
verunsichert. Es geht nicht darum, perfekt zu sein.
Auch Ihre Zuhörer wissen, dass alle Menschen
Fehler machen können. Ihre Zuhörer haben auch
schon Fehler gemacht. Das wird Ihnen niemand
verübeln. Wichtig ist, dass der Vortrag gut ankommt. Es ist nicht wichtig, dass Sie fehlerfrei
vortragen. Auch ein fehlerfreier Vortrag kommt
schlecht an, wenn er langweilig vorgetragen wird.

Lampenfieber –
sehr gerne!

Und noch zu einem wichtigen Thema, dem Lampenfieber! Wer bei diesem Begriff an ein leidiges Thema und ein beängstigendes Gefühl denkt, über das man lieber gar nicht sprechen möchte und das es zu vermeiden oder zu unterdrücken gilt, liegt falsch.

LAMPENFIEBER VERSUS SPRECHANGST

Wer kennt das nicht: Vor einem Auftritt zittern die Finger, alles dreht sich, man bekommt Schweißausbrüche, der Mund wird trocken.

Die Erwartungshaltung des Publikums nicht zu erfüllen, kein Wort herauszubekommen und vollkommen zu versagen – das steht hinter dieser Aufregung, die oft mit körperlichen Symptomen verbunden ist.

Reaktionen in Stresssituationen

Lampenfieber und Sprechangst entstehen in Stresssituationen. Dies sind Situationen, welche nicht „normal" sind für den Menschen. Es handelt sich um Ausnahmesituationen.

Es gibt drei Reaktionstypen in solchen Stresssituationen.

Einfrieren („freeze"), Flucht („flight") und Kampf/Aggression („fight").

Das Einfrieren oder Erstarren erinnert an ein Tier, das sich in Gefahrensituationen tot stellt, um nicht gefressen zu werden. Bei dem Menschen zeigt sich dieses Einfrieren durch

Bewegungslosigkeit, die Person nimmt nichts mehr um sich herum wahr, Buchstaben verschwimmen vor den Augen. Schlimmstenfalls kommt es zu einem Blackout – es geht gar nichts mehr.

Der Fluchtmechanismus zeigt sich entweder wortwörtlich durch Weglaufen aus der als bedrohlich empfundenen Situation oder durch erhöhten Puls, hohen Blutdruck und Herzrasen.

Die Kampf-Reaktion schließlich äußert sich durch Verkrampfen, Muskelüberspannungen bis hin zu einem sich später einstellenden Gefühl eines Muskelkaters, obwohl man keine körperlich anstrengende Tätigkeit ausgeübt hat.

Zum Problem wird das Ganze dann, wenn tatsächlich ein Versagen folgt: dem Sänger versagt die Stimme, der Pianist rutscht mit den Fingern von den Tasten ab, der Vortragende vergisst seinen Text, verliert den Faden, hat einen „Blackout".

Woher kommt Sprechangst?

Bei der Sprechangst oder Redeangst (Logophobie) handelt es sich um eine soziale Angst. Das heißt, sie ist nicht angeboren, sondern der Mensch erwirbt sie im Laufe seiner Sozialisierung. Im schlimmsten Fall breitet sich ein Gefühl der Panik aus, das den Betroffenen regelrecht außer Gefecht setzt und daran hindert, die Leistung zu erbringen.

Es handelt sich dabei zum einen um die Angst, zu versagen oder den Erwartungen des Publikums nicht gerecht zu werden. Der Betroffene hat Angst, sich vor den Zuhörern zu blamieren, weil er keinen Ton herausbekommt oder sich verspricht oder den Faden verliert und vollkommen aus dem Konzept kommt. Oder er fürchtet sich davor, dass der Vortrag dem Publikum nicht gefällt und die Zuhörer enttäuscht sind. Er hat Angst davor, von den anderen abgelehnt zu werden.

Eine Präsentation, ein Vortrag – dies sind Situationen, in denen der Redner von seinem Publikum bewertet wird. Die Bewertung erfolgt durch Aufmerksamkeit beim Vortrag, positive Resonanz und Lob oder aber negative Kritik nach dem Vortrag. In Prüfungssituationen werden Noten vergeben. In der Arbeitswelt kann der Arbeitserfolg (der Kunde erteilt nach erfolgreicher Präsentation den Auftrag) oder eine Beförderung von der Bewertung durch andere abhängen. Die

Bewertungssituation erschwert das Ganze für den Redner erheblich.

Zum anderen geht es generell um die Angst des Redners, im Mittelpunkt zu stehen. Vor allem schüchterne Menschen fühlen sich dann von den anderen beobachtet und diesen ausgeliefert. Deswegen wollen sie sich am liebsten hinter ihrem Laptop, einer Tasche oder sonstigem verschanzen.

Diese Ängste beruhen immer auf negativen Erfahrungen des Redners, die in seiner Vergangenheit liegen. Denn ängstlich und schüchtern ist kein Mensch von Geburt an.

Die positive Nachricht: Ängste lassen sich regelrecht abgewöhnen. Sprechangst kann man überwinden! Dies geht natürlich nicht von heute auf morgen und erfordert viel Üben – und immer wieder den Mut, in die Öffentlichkeit zu treten.

Wie kann man Sprechangst überwinden?
Ein ängstlicher Mensch kann bei seinem Auftritt mit dem Verständnis und Mitgefühl eines größeren Teils der Zuhörer rechnen. Fast jeder unter ihnen hat schon einmal eine Situation erlebt, in

der etwas nicht so gut geklappt hat und andere Menschen dies mitbekommen haben.

Auch bei der Sprechangst spielen drei Bereiche eine Rolle: die geistige (psychische), die körperliche (physische) und die Leistungsebene.

Letztere betrifft das technische Können, das Gelernte, die Sicherheit bei der Ausführung. Wenn der Pianist das Stück nicht geübt hat, wird er es nicht fehlerfrei vortragen können. Wenn der Schüler nicht gelernt hat, wird er kein gutes Ergebnis bei der Prüfung erzielen. Der Sportler, der nicht ausreichend trainiert hat, kann nicht schnell genug für den neuen Rekord laufen, und der Redner wird ins Stocken geraten, wenn er seinen Vortrag nicht richtig vorbereitet hat.

Alle drei Ebenen beeinflussen sich gegenseitig. Wenn die Leistungsebene stimmt, aber Mängel auf der psychischen Ebene bestehen, also die oben genannten Mechanismen greifen und es zu dem „Einfrieren", der „Flucht" oder dem „Kampfverhalten" kommt, wird dies auch körperliche Folgen haben (Herzrasen, fehlende Konzentration, Verspannen). Diese können wiederum die Leistung beeinträchtigen, bis hin zum Versagen. Der

Mangel auf einer Ebene lässt sich aber auf einer anderen Ebene ausgleichen.

Wie kann man nun die Angst überwinden?

Sich die Angst bewusst machen

Stellen Sie sich Ihren Ängsten. Machen Sie sich Ihre Angst bewusst. Reflektieren Sie Ihr Verhalten und die Symptome. Schreiben Sie alles auf.

Fragen Sie sich, woher Ihre Angst kommt. Schreiben Sie auf, wann diese Angst zum ersten Mal bei Ihnen aufgetreten ist. Welche Situation war das? War das in Ihrer Kindheit? Wurden Sie dazu aufgefordert, eine bestimmte Fertigkeit vorzuführen, und haben Sie sich dabei überfordert gefühlt? Kam es zu einem Versagen? Wurden Sie ausgeschimpft oder ausgelacht?

Wenn Sie sich genügend Zeit lassen, werden Sie bestimmt einen Grund für Ihre Angst an die Oberfläche befördern. Die Selbstreflexion, sich etwas bewusst zu machen und die Gründe für die Versagensangst zu benennen, ist schon der erste Schritt zu einer Verbesserung Ihrer Lage.

Nur dann, wenn die Ursache mit einem traumatisierenden Ereignis zusammenhängt, werden Sie Hilfe von außen (z. B. Einschaltung eines Psychologen) benötigen.

Die Angst relativieren

Fragen Sie sich, was im schlimmsten Falle bei Ihrem Vortrag passieren könnte. Was wäre der „Worst Case"?

Ihnen fällt kein einziges Wort Ihres Vortrags mehr ein? Sie können auf einmal nicht mehr sprechen? Sie können Ihre Unterlagen nicht finden? Alle Leute im Publikum lachen Sie grundlos aus oder verlassen den Raum während Ihres Vortrags?

Fragen Sie sich, ob ein solcher Fall wirklich realistisch ist. Wahrscheinlich nicht. Und Sie werden sehen, dass alles nur „halb so schlimm" ist.

ENTSPANNUNGSÜBUNGEN

Wie bereits angesprochen, kann der Mangel auf einer Ebene auf einer anderen Ebene ausgeglichen werden.

Je besser die Leistungsebene dasteht, desto ruhiger kann die Person z. B. auf der psychischen Ebene sein, denn wenn man gut geübt hat, beherrscht man das Klavierstück perfekt und die Möglichkeit eines Verspielens ist objektiv gering. Diese Gewissheit entlastet auch die psychische Ebene.

Einem Mangel auf der psychischen Ebene kann aber auch gezielt durch eine Stärkung auf der körperlichen Ebene entgegengewirkt werden.

Der Sportler wendet sich an einen Mentalcoach. Dieser motiviert nicht nur. Durch gezielte Übungen wie Yoga, Meditation oder autogenes Training können die körperlichen Funktionen beeinflusst werden. Der Atem wird ruhiger und gleichmäßiger. Der Blutdruck senkt sich, Verspannungen lösen sich. Positive, bestärkende Worte beruhigen und verbessern das Selbstvertrauen. Die Gedankenspirale aus Versagensangst und Selbstzweifel wird hierdurch unterbrochen.

Durch diese Übungen werden unkontrollierte und übermäßige körperliche sowie psychische Negativ-Reaktionen gestoppt.

Auch ohne Hilfe anderer Personen können Sie mit den genannten Übungen zur Ruhe kommen und verhindern, dass die Angst Sie regelrecht überrollt.

Zum Thema Entspannungsübungen haben Sie bereits etwas in dem Kapitel über die Stimme erfahren. Im Folgenden werden noch ein paar Übungen zum Mentaltraining vorgestellt, die Sie unmittelbar vor Ihrem Vortrag durchführen können.

Meditation: Sprechen Sie sich immer wieder vor, dass Sie gut vorbereitet sind und nichts zu befürchten haben. Wählen Sie sich selbst ein positives „Mantra", das Sie beruhigt. Sie können das Mantra auch mit Ihrer Atmung verbinden: ein Wort (gedacht, nicht ausgesprochen) beim Einatmen, ein anderes beim Ausatmen. Wiederholen Sie dies über mehrere Minuten. Legen Sie vorher eine Zeit fest und stellen Sie einen Wecker.

Reise durch den Körper: Setzen Sie sich ruhig hin oder, falls möglich, legen Sie sich ausgestreckt hin. Stellen Sie sich vor, wie Ihr Atem durch den Körper fließt. Verfolgen Sie Ihren Atem „von Kopf bis Fuß", wie er durch alle Körperteile fließt. Richten Sie Ihre Aufmerksamkeit jeweils auf den Körperteil, durch den in Ihrer Vorstellung gerade der Atem fließt.

Atemübungen: Der psychische Zustand hat unmittelbare Auswirkungen auf die körperlichen Funktionen. Sind Sie aufgeregt, wird die Atmung schnell und flach. Der Puls erhöht sich. Drehen Sie den Spieß einfach um. Atmen Sie sich ruhig. Benutzen Sie ein Atemschema, z. B. langsam und tief durch die Nase einatmen und dabei bis 4 zählen, den Atem anhalten und dabei wieder bis 4 zählen, langsam ausatmen und dabei erneut bis 4 zählen. Diese Übung mehrfach wiederholen.

Oder legen Sie Ihre Hände seitlich an Ihren Brustkorb und atmen Sie „in" die Stelle ein, an der Ihre Hände liegen. Wiederholen Sie dies ein paarmal. Legen Sie Ihre Hände nun etwas tiefer und atmen Sie wieder „in" Ihre Hände ein. Setzen Sie die Hände immer ein Stück tiefer an, bis hin zu Ihrem Bauch.

Es gibt eine Vielzahl solcher Übungen. Durch das bewusste und tiefe Atmen beruhigt sich nicht nur Ihre Atmung. Ihr ganzer Körper und auch Ihr Geist beruhigen sich.

UND WAS IST LAMPENFIEBER?

Zu unterscheiden von der Sprechangst ist das Lampenfieber. Im Gegensatz zu der Angst davor, in der Öffentlichkeit zu sprechen, handelt es sich bei dem Lampenfieber um eine normale Reaktion in der Stresssituation vor dem Auftritt, die fast bei jedem Menschen vorkommt.

Lampenfieber, Bühnenangst, das gibt es nicht nur bei Künstlern, Sportlern, sondern bei jedem, der in der Öffentlichkeit auftritt – also auch bei jemandem, der einen Vortrag hält. Auch die Angst vor Prüfungen ähnelt dem Lampenfieber. Der Prüfling setzt sich einer Bewertung durch andere aus. Er muss Gelerntes in einer bestimmten, Stress auslösenden Situation abrufen – wie der Künstler, der auf der Bühne singt oder ein Instrument spielt, oder der Sportler, welcher beim Sprinten eine Zeit unterbieten oder beim Eiskunstlauf einen vierfachen Sprung stehen möchte.

Sie fühlen Aufregung vor Ihrem Auftritt und Ihnen ist etwas mulmig zumute? Aber dann beginnt der Auftritt. Sie sind auf einmal vollkommen konzentriert und fokussiert und jede Aufregung ist wie weggeblasen? Dabei handelt es sich um eine vollkommen normale Reaktion, um eine positive Form des Lampenfiebers.

Vom Lampenfieber profitieren

Das Lampenfieber, die Anspannung und Aufregung vor einem Auftritt, geht einher mit einer vermehrten Adrenalinausschüttung. Dieses Hormon versetzt den Körper in einen Zustand höchster Wachsamkeit. Dieser Vorgang ist wiederum durch die Evolution bedingt. Die

Adrenalinausschüttung in Stresssituationen sicherte in Vorzeiten das Überleben des Menschen. Der Mensch wuchs über sich selbst hinaus und konnte auf einmal um ein Vielfaches schneller rennen und somit vor dem wilden Tier flüchten und am Leben bleiben.

Und genau das passiert beim Lampenfieber auch im positiven Sinn bei dem Künstler, dem Sportler oder jeder anderen Person, die eine bestimmte Leistung erbringen möchte. Durch das Adrenalin wird die Person physisch und psychisch dazu in die Lage versetzt, Höchstleistungen zu erbringen! Der Sänger singt mit vollem Volumen in der Stimme und meistert Höhen und andere technische Schwierigkeiten ohne Probleme. Der Sportler springt weiter als in jedem Wettbewerb zuvor.

Lampenfieber bewirkt also in der Ausnahmesituation „öffentlicher Auftritt", dass die Person hochkonzentriert und fokussiert ist auf die bevorstehende Leistung, welche dann mit Bravour gemeistert werden kann.

Unterdrücken Sie also Ihr Lampenfieber nicht. In dem Moment, in dem Sie Ihre ersten Sätze gesprochen haben, werden Sie sehen, dass sich die Anspannung löst. Die dabei frei werdende Energie können Sie in eine gute Leistung bei Ihrem Vortrag umsetzen.

Noch ein paar praktische Tipps für Ihren Vortrag

Zu guter Letzt folgen noch ein paar praktische Tipps, wie Sie die Vortragssituation
optimal gestalten können.

DIE RICHTIGE VORBEREITUNG

Gerade für etwas ängstliche, schüchterne Menschen, die es nicht gewohnt sind, vor einem

Publikum zu sprechen, ist eine gute Vorbereitung Gold wert.

Dies bedeutet zum einen eine gute fachliche Ausarbeitung des Vortrags sowie der Erwerb eines gesicherten Hintergrundwissens, um auf Nachfragen vorbereitet zu sein. Dann kommen Sie während des Vortrags niemals ins „Schwimmen", können sich voll und ganz auf Ihren Vortrag konzentrieren und haben keine Nachfragen zu fürchten.

Achten Sie auf eine gute Struktur und eine denklogische Abfolge und Gliederung des Vortrags. Er beginnt mit einer Einleitung. Am Schluss kann Ihr Statement oder ein Ausblick stehen.

Sie können den Zuhörern zuvor ein Handout als Orientierungshilfe austeilen.

Zur Vorbereitung gehört natürlich auch, dass Sie Ihre Unterlagen und das begleitende Material gut sortieren und griffbereit haben, so dass Sie während des Vortrags nicht auf einmal nach Unterlagen kramen müssen. Dies hinterlässt bei dem Zuhörer einen konfusen Eindruck und kann Sie aus dem Konzept bringen.

Nummerieren Sie fortlaufende Zettel lieber, damit es keinen Zettelsalat gibt. Bereiten Sie die

Unterlagen vor, welche Sie vor oder nach dem Vortrag den Teilnehmern aushändigen wollen.

Gestalten Sie Ihr eigenes Skript/Ihre Gliederung für den Vortrag so, dass Sie möglichst keine ganzen Sätze, sondern eher Stichpunkte darauf stehen haben. Heben Sie wichtige Punkte (z. B. Überschriften, Absätze vor einem neuen Thema) grafisch hervor. Markieren Sie sich auch wichtige Redepausen. Richten Sie Ihr Skript so ein, dass Sie jederzeit darauf schauen können, wenn Sie nicht mehr weiterwissen. Durch Markierungen können Sie verhindern, dass Sie nach einer Passage freien Vortragens nicht mehr wissen, wo Sie sich gerade auf Ihrem Skript befinden.

ZEITMANAGEMENT

Legen Sie eine Uhr oder Ihr Handy bereit, so dass Sie die Zeit im Auge haben. Wenn Sie beides vor sich liegen haben, können Sie unauffälliger nach der Uhrzeit schauen, als wenn Sie immer wieder danach greifen oder immer wieder auf eine Wanduhr im Vortragsraum schauen müssen. Die Zuhörer bekommen sonst den Eindruck, irgendetwas stimme mit der Zeit nicht (zu wenig Zeit, unter

Zeitdruck). Markieren Sie in Ihrem Skript auch eine grobe zeitliche Einteilung. Sie müssen wissen, wo die Mitte Ihres Vortrags ist. Bei längeren Vorträgen brauchen Sie eine engere zeitliche Unterteilung. Während des Vortrags sind Sie mit anderen Dingen beschäftigt und haben kein Zeitgefühl und keinen Überblick darüber, ob Sie sich noch im zeitlichen Limit befinden. Wenn Sie mit zeitlichen Untergliederungen arbeiten, wissen Sie immer, wo Sie gerade sind und dass Sie noch gut in der Zeit liegen. Dies beruhigt und macht Ihren Vortrag sicher.

Beachten Sie, dass bei längeren Vorträgen Pausen für die Zuhörer eingehalten werden müssen. Man geht davon aus, dass nach 45 Minuten eine kurze und nach 90 Minuten eine längere Pause (15 Minuten) erforderlich ist. In dieser Pause kann man lüften, sich die Beine vertreten, das WC aufsuchen, sich unterhalten, einen Kaffee trinken. Die meisten Menschen sind nicht dazu in der Lage, sich längere Zeit ohne Pause zu konzentrieren.

DER VORTRAGSORT

Seien Sie pünktlich am Ort des Vortrags. Es macht keinen guten und souveränen Eindruck, wenn Sie abgehetzt ankommen und die meisten Teilnehmer schon vor Ort sind und warten. Seien Sie am besten vor jedem Teilnehmer am Vortragsort.

Sorgen Sie für ein angenehmes Raumklima (Lüften, Heizung) sowie eine gute Belichtung. Die Teilnehmer sollen sich wohlfühlen. Das Licht muss dafür ausreichen, dass jeder in seinem Handout nachschauen und sich Mitschriften machen kann. Ausreichende Beleuchtung kann auch einer Ermüdung entgegenwirken.

Sie sollten gut sichtbar sein. Die Zuhörer möchten schließlich wissen, mit wem sie es zu tun haben. Allerdings sollte Ihnen das Licht nicht ins Gesicht scheinen, so dass Sie ständig blinzeln müssen. Sie sollen sich bei Ihrem Vortrag auch wohlfühlen. Sonst sind Sie nicht bei der Sache.

Überprüfen Sie, ob die technischen Geräte (Beamer, Abspielgeräte etc.) funktionieren, und machen Sie sich mit deren Funktionsweise vertraut, wenn Sie die Geräte vor Ort noch nicht kennen. Fragen Sie ggf. bei dem Personal der

Räumlichkeiten nach, wenn Sie mit der Technik nicht zurechtkommen. Es macht keinen professionellen Eindruck, wenn Sie während des Vortrags anfangen, an den technischen Geräten herumzuprobieren.

Halten Sie Ihre Vortragsunterlagen bereit, damit Sie zeitnah starten können.

FÜHLEN SIE SICH WOHL IN IHRER HAUT

Ein gutes Körpergefühl kann Ihnen auch die Aufregung nehmen. Sorgen Sie für Ihr Wohlbefinden vor dem Vortrag. Ruhen Sie sich aus, essen Sie etwas, aber nicht zu viel. Sie wissen bestimmt, was Ihnen generell guttut, wenn Sie unter Anspannung stehen. Führen Sie die Entspannungsübungen durch. Dies können Sie eventuell auch am Vortragsort tun. Sprechen Sie mit dem Veranstalter, ob vielleicht ein Nebenraum zur Verfügung steht, in dem Sie sich vorbereiten können.

Stellen Sie sich etwas zu trinken bereit. Wenn Ihnen kurzfristig die Stimme versagt, Sie einen „Frosch im Hals haben" oder Sie sich ständig räuspern oder husten müssen, kann ein Schluck

Wasser Wunder wirken. Auch kann der Griff zum Wasser eine kurze Verlegenheitspause kaschieren. Sollte es zu einem kurzfristigen Blackout kommen, können Sie sich mit dieser Tätigkeit wieder an den Ort des Geschehens zurückversetzen.

Wählen Sie Kleidung, die bequem ist und in der Sie sich wohlfühlen. Sie können sich auch für den Vortrag etwas Neues zum Anziehen gönnen. Die Kleidung sollte zu dem zu erwartenden Publikum und dem fachlichen Bereich des Vortrags passen. Anzug/Kostüm im Geschäftsleben, ansonsten legerere Kleidung, die aber auch ordentlich sein sollte. Vermeiden Sie Statement-Kleidung mit Aufdrucken, Schriftzügen oder Erkennungszeichen bestimmter Gruppen, ebenso zu auffällige und ausgefallene Accessoires. Wenn Sie kräftige Farben mögen und gerne im Mittelpunkt stehen, sind solche auch möglich. Sie müssen sich aber wohl darin fühlen, denn die Farbe wird zusätzlich zu Ihrer hervorgehobenen Position die Blicke auf Sie ziehen. Sie können eine kräftige Farbe aber auch gezielt einsetzen, um die Aufmerksamkeit auf sich zu lenken (farbige Blazer von Angela Merkel, farbige Kostüme der englischen Queen). Gehen Sie vorher zum Frisör, wenn Sie sich sonst während des Vortrags ständig Gedanken über Ihre Frisur machen. Sie müssen sich richtig wohl fühlen. Das pusht Ihr Selbstvertrauen. Dann werden Sie Ihr inneres Wohlbefinden auch nach außen ausstrahlen und können sich vollkommen auf Ihren Vortrag konzentrieren.

DIE RICHTIGE POSITION

Verbarrikadieren Sie sich nicht hinter Büchern, Computerbildschirmen und sonstigen Gegenständen, welche die freie Sicht auf Sie als Redner behindern könnten.

Auch wenn Sie sich vor Beginn des Vortrags am liebsten in der hintersten Ecke verkriechen würden; dieses Gefühl geht vorbei. Wenn Sie erst einmal ins Reden gekommen sind, werden Sie normalerweise nicht mehr das Bedürfnis haben, sich verstecken zu müssen.

Die Zuhörer wollen Sie hören. Sie wollen Sie aber auch sehen. Wer spricht denn da? Zeigen Sie sich. Wir haben bereits gesehen, wie wichtig die Körpersprache ist. Diese kann aber nur wahrgenommen werden und bestenfalls Ihren Vortrag unterstützen, wenn Sie – im wahrsten Sinne des Wortes – sichtbar sind.

Wechseln Sie gerne auch Ihre Position. Ihr Vortrag bekommt dadurch mehr Dynamik. Setzen Sie sich zwischendurch hin. Stehen Sie aber auch auf. Sie müssen nicht die ganze Zeit an Ihrem Platz (Tisch, Rednerpult) stehen. Gehen Sie herum. Dann können Sie Ihr Publikum direkter ansprechen. Es fühlen sich dann auch Personen angesprochen, die auf der anderen Seite sitzen und die Sie ansonsten nicht so gut im Blick haben. Bleiben Sie aber immer im vorderen Bereich, sodass sich niemand, der weiter vorne sitzt, zu Ihnen umdrehen muss. Das Herumlaufen kommt auch nur in Frage, wenn Sie bei bestimmten Passagen Ihres Vortrags frei reden können. Das Skript sollten Sie nicht mit sich herumführen. Das Skript sollte an Ihrem Platz liegen, und zwar so, dass Sie es immer im Blick haben und unauffällig darauf schauen können.

DURCHATMEN, POSITIV DENKEN, LOSLEGEN

Beschäftigen Sie sich unmittelbar vor Ihrem Vortrag mit etwas Positivem und nicht mit Ihrer Aufregung. Sie haben sich sehr gut vorbereitet. Sie sind die Fachfrau/der Fachmann. Die anderen wollen etwas von Ihnen lernen. Die anderen werden von Ihrem Vortrag, Ihrem Wissen profitieren. Sie sind gut! Sie können das!

Beginnen Sie mit einer zwanglosen Begrüßung. Stellen Sie sich vor. Kündigen Sie kurz das Thema an. Wenn die Gruppe der Zuhörer eher klein ist und die Zuhörer in den Vortrag eingebunden werden sollen, kann auch eine kurze Vorstellung der Zuhörer selbst erfolgen. Für Sie kann dies wichtige Informationen liefern (z. B. welcher Berufsgruppe gehören die einzelnen Teilnehmer an?), aber auch für die Teilnehmer kann es von Interesse sein, wer die anderen sind, die sich später mit Redebeiträgen beteiligen.

Regeln Sie organisatorische Dinge vorab. Wann gibt es eine Pause, stehen Getränke und Snacks für die Zuhörer bereit? Wo sind die Toiletten? Wie lange dauert das Ganze? Die Zuhörer können sich dann auf den Ablauf und die Uhrzeit einstellen und werden nicht ungeduldig. Sie können auch kurz bei dem Publikum nachfragen, ob noch organisatorische Fragen offen sind. Klären Sie schon vor Beginn des Vortrags, wann Nachfragen durch das Publikum möglich sein sollen. Bei kurzen Vorträgen sollte dies im optimalen Fall erst nach dem Vortrag sein. Bei längeren Vorträgen können Sie nach dem Abschluss einzelner Abschnitte fragen, ob Nachfragen bestehen. Das unkontrollierte, jederzeitige Zwischenrufen seitens des Publikums sollten Sie dabei gleich am Anfang durch einen freundlichen Hinweis darauf, wann Fragen möglich sind, unterbinden. Sie verlieren sonst den Faden und kommen aus dem Konzept.

Beginnen Sie mit dem Vortrag. Sobald die ersten Sätze gesprochen sind, sollte es wie von selbst gehen.

ÜBUNG MACHT DEN MEISTER

Es mag Menschen geben, die strotzen nur so vor Selbstbewusstsein. Sie sind rhetorisch gut aufgestellt, können sich gut ausdrücken, haben scheinbar niemals Selbstzweifel und sprechen flüssig und ohne peinliche „ähs" und „ähms". Solche Menschen sind jedoch eher die Ausnahme.

Aber auch ein eher schüchterner und zurückhaltender Mensch kann seinen Auftritt mit ein bisschen Übung genauso gut meistern wie solch ein natürliches Auftrittstalent.

Eine gute fachliche Vorbereitung ist das A und O, da sie zu Ruhe und Sicherheit führt. Natürlich sollen Sie Ihren Vortrag nicht auswendig lernen, denn ein auswendig gelernter, rezitierter Vortrag ist wahrscheinlich genauso langweilig wie ein abgelesener. Es kann aber helfen, den Vortrag zuvor zu üben.

Vielleicht haben Sie auch schon in anderen Bereichen die Erfahrung gemacht: Wenn man erst einmal angefangen hat, in den Flow gekommen ist, dann läuft es häufig wie von selbst. Deswegen kann es hilfreich sein, vor allem den Beginn des Vortrags gut zu üben. Man kann sich für die allerersten Sätze sogar bestimmte Formulierungen zurechtlegen und diese einüben.

Sie können aber auch den gesamten Vortrag üben, durchspielen. Auch eine freie Rede anhand eines Skripts oder einer Gliederung lässt sich trainieren. Sprechen Sie laut, halten Sie sich selbst –

oder einer vertrauten Person als Probepublikum – den Vortrag. Lassen Sie sich von der anderen Person ein Feedback geben. Dies ist sehr wertvoll. Ist die Sprechweise angenehm, die Sprache (Aussprache, Lautstärke) gut verständlich? Sind die Formulierungen nachvollziehbar und schnell zu begreifen? Kann man dem Vortrag gut folgen? Auch wenn Sie alleine üben, können Sie sich selbst überprüfen, indem Sie sich beim Sprechen aufnehmen.

Sie können sich dadurch zum Vortrags-Meister machen, indem Sie nicht nur den konkret anstehenden Vortrag gut üben, sondern indem Sie jede Gelegenheit nutzen, frei zu sprechen, einen Vortrag, eine Präsentation zu halten.

Sprechen können wir alle wie selbstverständlich. Um ein Meister des gesprochenen Wortes zu werden, hilft nur Übung!

Wenn Sie ihren 50. Vortrag gehalten haben, werden Sie das öffentliche Sprechen viel besser beherrschen, als es bei Ihrem ersten Vortrag der Fall war.

Nutzen Sie die Gelegenheiten. Ziehen Sie sich nicht in sich zurück. Gehen Sie hinaus auf Ihre Bühne!

Ihr erfolgreicher Vortrag – auf geht's

Sie haben gesehen, dass jeder Mensch, auch wenn er von Natur aus introvertiert und ängstlich ist, seinen Vortrag meistern kann.

Bestimmt haben Sie selbst schon einmal eine Person öffentlich sprechen gehört, bei der Sie dachten: „So möchte ich auch reden können!"

Wenn Sie häufiger die Gelegenheit zu einem öffentlichen Vortrag haben und nutzen, werden

Sie im Laufe der Zeit so viel Übung bekommen und an Ihren Fähigkeiten feilen können, dass Sie eines Tages eine solche Person sein werden.

Viel Erfolg bei Ihrem Vortrag!

Herstellung und Verlag:

BoD – Books on Demand, Norderstedt

ISBN: 9783756819782

1. Auflage

Kontakt: Psiana eCom UG/ Berumer Str. 44/ 26844 Jemgum

Covergestaltung: Fenna Larsson

Coverfoto: depositphotos.com